RELATION

DE CE QUI S'EST PASSÉ

A

GEMBLOUX,

DEPUIS LE 3 FEVRIER 1793, JUSQU'AU 27 MARS

DE LA MEME ANNE'E.

A Louvain, de l'Imprimerie de P. CORBEELS, rue de Tirlemont.

RELATION

DE CE QUI S'EST PASSÉ À

GEMBLOUX,

Depuis le 3 Février 1793, jufqu'au 27 Mars de la même Année.

Ans l'après midi du 3. Février 1793. eft arrivé à Gembloux le foi-difant commiffaire du voir exécutif Belge & François, M. *Cobus*, avec une efpèce de Sécrétaire, un détachement de Volontaires François de 150. hommes environ, commandé par un François nommé *Everard*, fe-difant Lieutenant Colonel, & quelques Dragons François : s'étant fait tous er en Ville par le Magiftrat du Lieu. le foir du même jour, lefdits *Cobus & Everard*, fait annoncer par le fon de la Cloche, & verbalement, de porte en porte, aux Habitans, un des Sergeans de la Ville, que le Peuple devoit s'affembler le lendemain, à neuf heudu matin, fur la Place.

Vers l'heure indiquée les Habitans de la Ville & les autres en dépendant ont commencé à trouver & s'affembler, avec une quantité d'étrangers des environs; mais ce n'a été qu'enles 10. à 11. heures que la troupe, qui s'étoit mife fous les armes dans la grande Cour l'Abbaye, eft defcendue vers la Place, conduite par lefdits *Cobus & Everard* & autres iciers, lorfqu'elle y fut arrivée & mife en bataille, *Everard* harangua le Peuple, lui ançant, qu'il étoit venu avec fa troupe pour lui procurer la vraie Liberté ; & le faire endans fes Droits par l'Egalité ; les exhorte fortement à profiter du précieux Don que la tion Françoife vouloit lui procurer fi gracieufement, appuyant fon difcours fur la juftice & quité de cette Nation, dont il vouloit dans le moment donner un exemple à l'occafion d'un prétendu vol d'une poule fait par un de ſes gens, ſelon le rapport qu'on venoit de lui faire ; diſant que ce fait ſeroit puni, comme celui de la valeur de dix mille Livres. Mais perſonne n'a été dupe de cette grimace, tous la prennant pour un trait de Charlatannerie. Et cela s'eſt vérifié, parce que ne voulant qu'amuſer le Peuple, & le tromper ſur l'endroit de l'aſſemblée générale, *Cobus* pendant cet intervalle s'étoit rétiré vers l'Egliſe, & *Everard* tâchant de le ſuivre, les principaux de l'endroit s'en appercèvant ont fait de même, en avertiſſant le Peuple, qui s'eſt rendu en foule vers l'Egliſe. Y étant arrivés *Cobus* & *Everard* & deux autres Officiers ſe ſont emparés du Chœur : ſur quoi étant ſurvenue une conteſtation, l'Egliſe & ſurtout le Sanctuaire n'étant pas l'endroit de ces aſſemblées, on tâcha de la calmer ; & deſuite *Cobus* ſe portant au Baluſtre, y annonça ſa miſſion, lut les Décrêts de la Convention Nationale de France, déclama contre l'ancienne Conſtitution du Pays, de la façon la plus indigne & extravagante, menaçant tous ceux qui oſeroient ſe déclarer pour tout ſiſtême, contraire à celui de la France, de les faire arrêter, & conduire à Bruxelles pieds & poings liés pour y recévoir la peine de mort, décrétée contre les Rébelles à la Liberté & l'Egalité Françoiſe. Ils'animoit tellement que par ſa voix dure & raugue, y joints ſes geſtes d'emportement, il avoit plutôt l'air d'un demon que d'un homme ſur ſa phiſionomie maigre & blême.

Le Peuple pendant ce temps s'entre-regardant, dans le plus grand ſilence, ne témoignoit que la plus haute indignation.

Laſſé de pérorer & fatigué par le temps qu'il y avoit déjà mis, *Cobus* crut voir le moment que le Peuple alloit adopter ſon ſiſtéme, & que l'ayant intimidé, une partie du moins le feroit, il dit après une petite panſe : levez tous les doigts: je vais prononcer le Serment de Liberté & Egalité. Mais tous comme pétrifiés, ſans faire même le moindre ſigné, reſterent immobiles.

Très ſurpris de cette circonſtance il réprit haleine, & dit : „ pauvre Peuple, on vous trompe, „ on vous ſéduit : ce ſont les Grands, les Riches & les Prêtres qui le font, ſurtout les No-„ bles & le haut Clergé ”; je ſais qu'il y en à entre vous autres qui cabalent, je les connois & ils ſeront punis. Il déclama extraordinairement contre la maiſon d'Autriche, la traitant d'une façon ſi indigne qu'on rougit d'en répéter les termes : il fit de nouvelles exhortations & déſuite la même grimace, pour la preſtation générale du Serment : mais tous reſtant également immobiles ne faiſant ni ſigne ni mine, *Everard* dit : il faut expliquér de nouveau le Serment, & lire les Décrêts de la Convention; ce que *Cobus* ayant fait, il récommenca la cérémonie du Serment pour la troiſième fois; mais ne gagna pas plus qu'aux deux premieres : ſurquoi *Everard* réprenant la parole, dit : Citoyens s'il y à quelqu'un d'entre vous, qui ait quelque choſe à dire, ou à propoſer, qu'il parle librement; nous ſommes ici pour l'entendre & lui faire raiſon : à quoi une voix d'entre le Peuple enjoignant au Greffier de la Ville de parler, celui-ci s'y conformant, prit la parole; diſcuta brievement toutes le propoſitions de *Cobus*, en fit voir l'abſurdité, exqliqua les Droits du Peuple Brabançon, improuva le Serment général demandé; fit voir que ce n'étoit qu'aux Répréſentans du Peuple Brabançon, quand il conviendroit d'en avoir, de prêter un Serment, ſeulement celui de maintenir fidèlement la conſtitution; que la Liberté & l'Egalité Françaiſe qu'on venoit inſinuer ſi aſtucieuſement étoit le piège le plus dangereux, inventé par les hommes les plus fourbes & méchans, qui ayent encore exiſté; & finit par demander au Peuple, quel étoit ſon vœu, dans les circonſtances préſentes : ſi tous entendoient de vivre & mourir dans la Réligion Catholique, Apoſtolique & Romaine, de mainte-

r & conferver la Conftitution & les Loix Brabançonnes, dans leur entier, de refufer le
erment fi captieufement demandé par la Liberté & Egalité Françoife.

Tous repondirent d'une voix unanime de vouloir vivre & mourir dans la fainte Religion
atholique, Apoftolique & Romaine, la vraie Religion de leurs Pères; de vouloit conferver
ans fon entier leur Conftitution & anciennes Lois du Pays, fans aucuns changemens, &
re Gouvernés, comme ils l'avoient toujours été;

Qu'ils refufoient le Serment d'Egalité & de Liberté demandé par les François, qu'ils ne
evoient aucun Serment à qui que ce fût; mais, comme Peuple Libre & Souverain, de-
aré tel par les généraux de la République Francaife, qu'ils avoient droit d'exiger Serment des
ommettans, qu'ils pourroient commettre au befoin pour adminiftrer la Souveraineté qui
ompetoit au Duc de Brabant; que ce Serment feroit pur & fimple, d'être fidele au
euple Brabançons, de defendre fa Liberté & fon Egalité en droit, & de ne jamais aller con-
e la Conftitution du Pays Brabançon.

Tout quoi le Greffier aïant repeté diftinctement, il demanda, fi leur volonté étoit auffi,
ue de tous ces points il feroit dreffé acte en forme; & par qui : tous ayant repondu *oui*,
u'ils vouloient qu'on en dreffât acte, que le Magiftrat le figneroit fans faire le moindre chan-
ement en rien; ordonnant de plus au Magiftrat de continuer & aller en avant dans fes de-
oirs, fous le Serment prêté à l'avenement de leurs offices.

Tous exprimant fortement cette volonté par diverfes acclmations générales, l'acte en a
té dreffé & figné tel qu'ici *fub N°. 1°.*

Cobus en a été tellement interdit, que, n'ayant rien à repondre, il n'employa plus que
a menace feule, furtout contre le Greffier & le décréta par la Loi à deux réprifes, or-
onnant à *Everard* de le faire faifir par fes Gens, mais différentes perfonnes lui aïant rendu
menace pour menace, il cria hautement qu'il viendroit avec dix - mille Bayonnettes & d'a-
antage, pour introduire le fiftême François à Gembloux, & à la fin fut obligé de fe re-
irer avec les Troupes : mais rempli de rage & de colere, il acheva la journée & furtout
a nuit fuivante à l'execution de fon plan, qu'il à donné a connoître au Public, vers le
oir du lendemain, par une proclamation qu'il fit dans la Ville à l'intervention de la Troupe, la faifant enfuite afficher en divers endroits, telle quelle eft ici *fub. N°. 2°.* Proclama-
ion la plus incendiaire, qui caracterife fes infames Auteurs (*Cobus* & *Everard*) par leurs
ignatures y appofées.

La nuit du 5 au 6 fut employée de leur part à d'autres manœuvres. Ils firent inveftir la
maifon du Greffier pour s'en faifir, ils y entrèrent : mais il avoit eu la précaution de les
prevenir par fon abfence.

Un des principaux de l'endroit fut arreté la même nuit, dans fa maifon, & conduit à la
grand garde de l'Abbaye, où la horde de ces indignes coquins, fe tenoit.

Le bruit fe repandant, le 6. au matin, de ce qui venoit d'arriver, le Peuple en fut con-
fterné, & d'avantage quand, dans cette matinée on continua d'arretér plufieurs autres des
principaux de l'endroit qui tous furent conduits à la grand garde comme le premier ci-

deffus. Entre ces arrêtés fe trouva le Baili Mayeur qui le fut par le Piege le plus per-
fide & fut expofé à tous les traits de la feduction par l'adulation la plus baffe, mais y refiftant
fortement, il fut non feulement s'y fonftraire mais auffi s'évader par un effet de la plus
heureufe prefence d'éfprit.

On fonna dans cette même matinée les Cloches, pour la nouvelle Affemblée qui cependant
n'a eü lieu que dans l'aprés - midi, pour d'autant mieux tromper le Peuple, quand croïant
leur manœuvre fuffifamment ourdie, ils firent inveftir l'Eglife par la Troupe, en placerent
une partie dans l'intérieur devant le maître Autel & autres de l'Eglife, l'y ordonnant de
charger les armes ce qui étant fait, *Cobus* y recommenca les devoirs de fa miffion. Quantité de Braves Gens tachèrent encore de s'y oppofer, difant que tout étoit fini le 4. & qu'il
n'étoit plus queftion de rien, mais les Bayonnettes les obligerent de fe retirer, ce qu'ils n'ont
fait qu'en proteftant. Et un des principaux perfiftant fortement dans fa proteftation fut arrêté
& conduit à la grande garde.

Cobus fit avancer le parti formé pour le fyfteme François, compofé de 15. à 20. indivi-
dus, de ce qu'il y a de plus bas & Vil à Gembloux ayant à leur tête le nommé *Linoy*,
ci - devant avocat à Bruxelles d'ou il eft venu exercer fa profeffion à Gembloux après avoir
été quelque temps enfermé aux *Alexiens* à Bruxelles, pour avoit la tête trop exaltée.

Cet homme croyant voir le moment de jouer un rôle extraordinaire, fe préfenta le pré-
mier pour le fyfteme François, préta le Serment, fut déclaré dans le moment Maire de
Gembloux, malgré des nouvelles réclamations & proteftations de la part du Peuple. On pro-
ceda de fuite a la formation de la nouvelle municipalité d'entre ces nouveaux amateurs du mal
François.Et le lendemain elle fut inftallée folemnellement par *Cobus* qui la conduifoit par le rues,
entre les Bayonnettes, avec injonction à un chacun, fous peine de mort, de la réconnoître
de lui porter toute obeiffance & refpect.

Le même jour cette brillante municipalité commença a entrer en fonction par la deftruction
& renverfement de tous les fignes publics de la juftice Seigneuriale de Gembloux brifant la
verge de juftice fur l'Hôtel de Ville, & jettant les morceaux au Peuple par la fenetre de
la chambre Echevinale; renverfant & brifant le grand pilori de pierre de taille. Elle fe tranfporta defuite au greffe de Gembloux, y appofa le fcellé fur tous les endrois qui contenoient
les actes, papiers, titres & documens, & cela à l'intervention toujours de *Cobus*. Le Maire
finit cette journée par requerir le Rd. Curé du lieu à chanter le lendemain une Meffe Solem-
nelle avec *TE DEUM*, mais en homme prudent il le refufa & difparut.

Le 19. fuivant cette municipalité par l'organe de fon fameux Maire porta le réglement
d'aboliffement de tous droits quelconques en général en la Ville, comme par la pièce *fub N°.*
3°. Reglément qui fut publié & affiché aux endroits accoutumés, pour fe conformer aux dé-
crets des 15. 19. 22. xbre 1792. & 31 Janv. 1793. dela Convention Nationale de France, re-
cevant par provifion ces dêcrets.

Le même jour 19. elle leva le fcellé mis au Greffe, fit brifer les armoires qui contenoient
les papiers, les fit enlevér & tranfportér à la maifon dudit *Linoy* Maire qui déclara que cela devoit fe faire avant le depart de *Cobus* pour Bruxelles. Cette Befogne fut achevée le 21.
fuivant le Procès Verbal...

On fit de même au Bureau de Etats de Brabant à Gembloux où on leva le fcellé le 27. fuivant & on tranfporta tout ce qui appartenoit à ce Bureau chez le même *Linoy* qui en leva l'argent depuis la prémière levée y faite par des Commiffaires des Repréfentans de Bruxelles vers le 20. Janv. il ne reftoit plus dans la caiffe que *f.* 42 - 9 - 0. fous fon reçu. *Befogne* qui à eû également lieu aù Bureau des droits d'êntrée & fortie de S. M. du 6. Mars dernier.

Cette fameufe municipalité continua de gérer en toute matière fous la préfidence du **Maire** *Linoy*, qui ayant accepté fa charge, fans le moindre embarras ni fcrupule, n'en a pareillement pas eu par l'inftitution de diverfes actions devant fon tribunal : actions dreffées & écrites de fa main. Ils porterent divers autres réglements & ordonnances & furtout celle, qu'ils jugeoient fommairement toutes conteftations pour la valeur en deffous de cinq cent florins.

De plus ils interpellèrent l'Abbaye a une prétendue reftitution de bien qu'elle occupe par a plus jufte des poffeffions. Dans le même temps *Cobus* procéda à l'inventaire de tous les effets de l'Abbaye de Gembloux & la mit en économat de la part du pouvoir exécutif Belge & François. Rien ne s'y paffa d'extraordinaire ni dans la Ville, jufqu'au 10 de Mars, que l'ordre étant venu à tous les François, qui fe trouvoient à Gembloux d'en partir, la Troupe prétendoit d'avoir des chevaux & un caroffe, ce que les Religieux croyant ne pouvoir accorder à raifon de l'inventaire pris & que furtout peu avant ils avoient deja extorqué deux chevaux. Le nommé *Rainiac* fe difant officier Belge, & venu à Gembloux pour la recrue, perfifta opiniatrement en cette requifition & menaca l'Abbaye de Pillage ; fur quoi l'allarme s'y jetta & le trouble fut fi grand qu'on fonna le Tocfin, ce qui fit furvenir le Peuple pour prévenir le deforde dont on menaçoit l'Abbaye. La Troupe mife en bataille fit feu fur les Bourgeois ; deux en ont été malheureufement tués & un troifieme grievement bleffé ; après quoi elle prit la fuite.

Le lendemanin, 11. Mars, le nommé *Couture* fe difant adjudant de la fufdite Troupe, vint aux informations & on dreffa en double le Procès - Verbal ici *fub N°. 4°.*
Le foir du même jour il arriva, vers les dix heures, une Troupe très - confiderable ayant à fa tète le nommé *Everard*, avec le fameux *Cobus* ils firent faire feu fur tout ce qu'ils rencontroient. Deux Bourgeois font morts des bleffures qu'ils reçurent à cette occafion, & un troifième jeune homme, qui ayant taché de travailler à défendre l'Abbaye, reçut un coup de feu à la jambe droite, ce qui mit tellement la terreur dans l'endroit que perfonne n'ofa plus fe montrer.

Les bandits briferent & foncèrent la grande porte de l'Abbaye, y entrèrent & firent une décharge générale devant le quartier Abbatial ; briferent tous les vitres du *Rez de Chauffés*, & la porte de la Bourferie, dont ils pillérent le bas, détruifant le grand Bureau du provifeur : ils firent de même aux quartiers des maîtres d'Hotel & des *Bois* ; ce qui obligea tous les Religieux en général (le Provifeur par prudence ayant quitté la maifon le matin du 11. du même mois de crainte d'être pris en ôtage, ce que le Seigneur Abbé & comte de Gembloux avoit déjà fait quelques jours avant) de prendre la fuite par le jardin, & une grande partie efcaladèrent les murs dans l'obfcurité, cherchant comme des malheureux des afiles dans le voifinage ou ils font reftés traverftis jufqu'au 27. fuivant ; quand, Grace à Dieu & aux armées Victorieufes de la maifon d'Autriche ! ils font tous rentrés ; & par la même faveur l'ancien Magiftrat eft pareillement rentré dans l'exercice de fes fonctions.

Pièce N°. 1.

AUjourd'hui quatre Février 1700 nonante & trois, après préalable advertance faite hier, vers le foir par le fon de la Cloche, ainfi que verbalement par le Sergent *Dénis*, d'après les ordres donnés par un Officier des Volontaires François, préfentement en cette Ville de Gembloux, (ces mêmes ordres réiterés cejourd'hui par le fon de la Cloche entre les neuf & dix heures du matin), le Peuple de la dite Ville, pour la plus grande partie affemblé dans l'Eglife Paroiffiale dudit Lieu à fin d'y exprimer fon vœu rélativement aux circonftances du temps & la fituation dans laquelle la Province de Brabant fe trouve actuellement,

A unaniment & à toutes voix déclaré, réfolu & ftatué, que, comme faifant partie du plus ancien Libre Peuple de ladite Province, de vouloir vivre & mourir dans la Sainte Réligion Catholique, Apoftolique & Romaine, la vraie Réligion de leurs Pères.

De vouloir conferver dans fon entier fa Conftitution & anciennes Loix de la même Province, fans qu'il y foit porté la moindre atteinte directement ni indirectement, mais d'être gouverné, comme il l'a toujours été, felon fon antique conftitution.

Et quant au Serment qu'on prétend exiger de chaque Citoyen, comme Peuple Libre & Souverain, déclaré tel par les généraux de la République Françaife, ils ne doivent aucun Serment à qui que ce foit, mais bien comme Souverain, ils ont droit d'en exiger des mandataires qu'ils pourroient commettre à l'effet d'adminiftrer la Souveraineté, qui competoit au Duc de Brabant, le quel Serment fera de la teneur fuivante.

> *Je jure d'être fidele au Peuple Souverain Brabançon & de défendre fa Liberté & fon Egalité en droit, & de ne jamais aller contre la Conftitution du Pays Brabançon.*
> *AINSI M'AIDE DIEU ET TOUS SES SAINTS.*

Enjoignant aux Echévins *Servans* & autres du Magiftrat de la fufdite Ville de Gembloux, de tenir acte en forme de ce que deffus & d'aller en avant de leurs devoirs felon la Conftitution du fufdit Pays Brabançon, & leur Serment prêté à l'avénement de leur office.

Ainfi fait, déclaré, réfolu & ftatué par le Peuple Libre de la Ville de Gembloux dans leur Eglife Paroiffiale par acclamation générale réiterée plufieurs fois,

(*Etoient Signés.*) *Jof. Liboutton*, Bailly Mayeur, *J. A. De Becquevort*, Echevin; *J. J. Berger*, Echevin; *J. F. Wilmet*, Echevin; *A. D. Winand*, Echevin; *M. J. De Savoye*, Echevin; & *C. A. J. Dury*, Greffier.

Concorde à l'Original repofant au Greffe de Gembloux, ce que j'attefte.

C. A. J. Dury, Greffier.

N°. 2do.

COPIE LITTERALE.

Au nom de la République Française & du Peuple Souverain
de la Belgique.

Citoyens, confidérant que la Nation Françaife eft venue ici en Frères & en Amis dès le moment que vous réconnoiffiez la Saverainité du Peuple, & le Serment de Fidélité, qui lui eft prefcrit, comme étant préfentement Vôtre feul Souverain.

Confidérant que le Général *Dumourier* dans fon Manifefte aux Belges, dit formellement, *que fi quelque Ville, Bourg ou Village font affez abrutis pour ne pas fentir l'avantage & la Majefté de la Souveraineté, dans le moment que les Français employent leurs armes auffi victorieufe que juftes pour faire le préfent célefte aux Belges, déclare que cette Province, Bourgue ou Village feront traités comme les Vils Efclaves des Viles Defpotes de la maifon d'Autruches : que les armés de la République pour fe venger des atraucités, commifes par eux métérons les Villes en Cendre & lévéront des contributions, qui feront long-temps fouvenir de leur paffage.*

Nous vous ordonnons au Nom Sacré de la Patrie de fonger aux calamités, ou va vous entrainer vôtre défobéïfance, aux Principes que nous vous avons dévélopés. Des émiffaires perfides que nous connoiffons, foudoyés par vos anciens Defpotes, vont caufer vôtre ruine, & comme des lâches vous abandonneront apiès vous avoir trompé.

Pour nous, nous proteftons à la face du Ciel ! que ce n'eft que le bonheur du Peuple que nous vous apportons : & que le Serment de fidélité à ce même Peuple, laiffe la Réligion Catholique Apoftolique & Romaine dans toute fon intégrité.

Nous vous ordonnons donc de nouveau de vous affembler demain au fon de la Cloche, ce fera d'après nne nouvelle preuve d'efclavage de votre part, que nous emploirons la force des armes, puifque celle de la perfuation, & du bonheur du Peuple ne peut vous toucher.

Fait à Genbelou le 5. Février l'an 2eme. de la République, plus bas étoit écrit le Lieutenant Colonel Commandant la force armée à Gembloux. Signé *Everard*, le Commiffaire du pouvoir exécutif Belges & Français. Signé *Cobus*.

Concorde à l'Original répofant au Greffe de Gembloux, ce que j'attefte.
C. *A. J. Dury*, Greffier.

Nº. 3.

REGLEMENT

*Provifionnel corcernant les Droits ci-devant Seig-
neuriaux Ducaux & d'Etats, &c.*

NOus Maire & Officiers municipaux de la Ville Libre de Gembloux nous conformant aux Décrèts de la Convention Nationale de France du 15., 17., 22. Décembre & du 31. Janvier derniers, que par provifion nous réçévons pour ce qui s'enfuit felon la teneur de notre Serment, déclarons d'abolir tous Droits d'Etats, Droits de Ville, d'Encavement, tous Impôts, Aides, Subfides, Droits Féodaux, d'Avouerie, Droits de Chaffe & de Pêche, Droits Seigneuriaux & toutes autres impofitions & fervitudes publiques, comme pefant inégalement fur le Peuple; nous réfervant de difpofer ci-après en matière de Dîmes & des Droits de Ville comme il appartiendra.

Il eft enjoint à tous réçéveurs publics de nous rendre compte de fa geftion, eux entiers de fe reproduire leurs arriérés comme il appartiendra.

Item à tous Négociants de diminuer leurs denrées à propotion du foulagement de ces Droits Publics & notamment la Bierre Hougarde fera diminuée d'un Liard au Pot, celle Blanche d'autres endroits d'un Sol & laiffons jufqu'ici celle Brune du Lieu à la difcretion des vendeurs, qui auront foin de la faire être de bonne eftimation. Le tout à peine de Vingt Florins d'amende.

Si donnons en mandement à notre procureur de la commune de Vigiler à la publication & obfervation du préfent.

Donné en nôtre affemblée municipale le 21. Février 1793.

(*Etoit Ligné*)   C. J. *Linoy*, Maire; J. B. *Taquin*, Loco Secretarii.

Plus bas eft écrit, Goncordantiam atteftor. Signé B. J. *Deprez*, loco Secretarii.

Concorde à la copie authentique répofante au Greffe de Gembloux, ce que j'attefte.
C. A. J. *Dury*, Greffier.

N°. 4.

NOus fouffignés declarons en faveur de juftice & de verité & prets a ratifier en étant
uis, que hier dix du courant, la troupe cantonnée à Gembloux ayant reçu ordre de par-
de la dite Ville, requirent Meffieurs de l'Abbaye de Gembloux de leur fournir des che-
ux & une voiture ou caroffe, & ces Meffieurs Religieux ayant repondu que cela n'étoit
s en leur pouvoir, d'après des ordres donnés par le commiffaire *Cobus* de l'Armée Fran-
fe, l'inventaire de la dite maifon étant fait, Monfieur de *Rainiac* leur a repondu, qu'il
auroit de force, & fit affembler incontinent la Troupe, qui fe trouvoit ici fous les or-
es du capitaine *Blaife*, & menaçant de faire piller on a fonné le tocfin, furquoi les Bour-
ois fe font Raffemblés vis-à-vis la porte de l'Abbaye, ou étant Affemblés le capitaine
aife leur demanda "Citoyens que demandez vous, nous allons partir & fi ma Troupe vous
eft redevable de quelque chofe, je vous ferai payer. „

Sur quoi les Bourgois s'étant avancés Mr. le capitaine *Rainiac* commanda la Troupe en
raille & fit faire feu fur les Bourgeois, de quelle décharge il eft refté plufieurs Bourgeois
la place, & les Bourgeois de la dite Ville ont pris les Armes & repouffé la force par
force.

Déclarent en outre que le Sr. *Piraux* Bourgeois de cette ville ayant réprefenté au Sr. capitaine
ainiac qu'il feroit plus prudent d'y aller par douceur, ce dernier tira fon fabre & voulut le
ffer dans le corps dudit *Piraux*.

Ainfi fait & déclaré fous offre comme deffus au dit Gembloux ce onze Mais 1700. no-
nte trois en prefence & a la requifition de Mr. l'Adjudant *Couture*, Signé *Couture P. J.*
roux, *Chabert* Sergent de la dite Troupe, marqué de la marque de *Chabert* Caporal de
même Troupe, par forme d'une croix, Signé *Jean François le Maffont*.

Corcorde à l'Original, repofant au Greffe de
Gembloux, ce que j'attefle.

C. A. J. DURY Greff.